AF340477

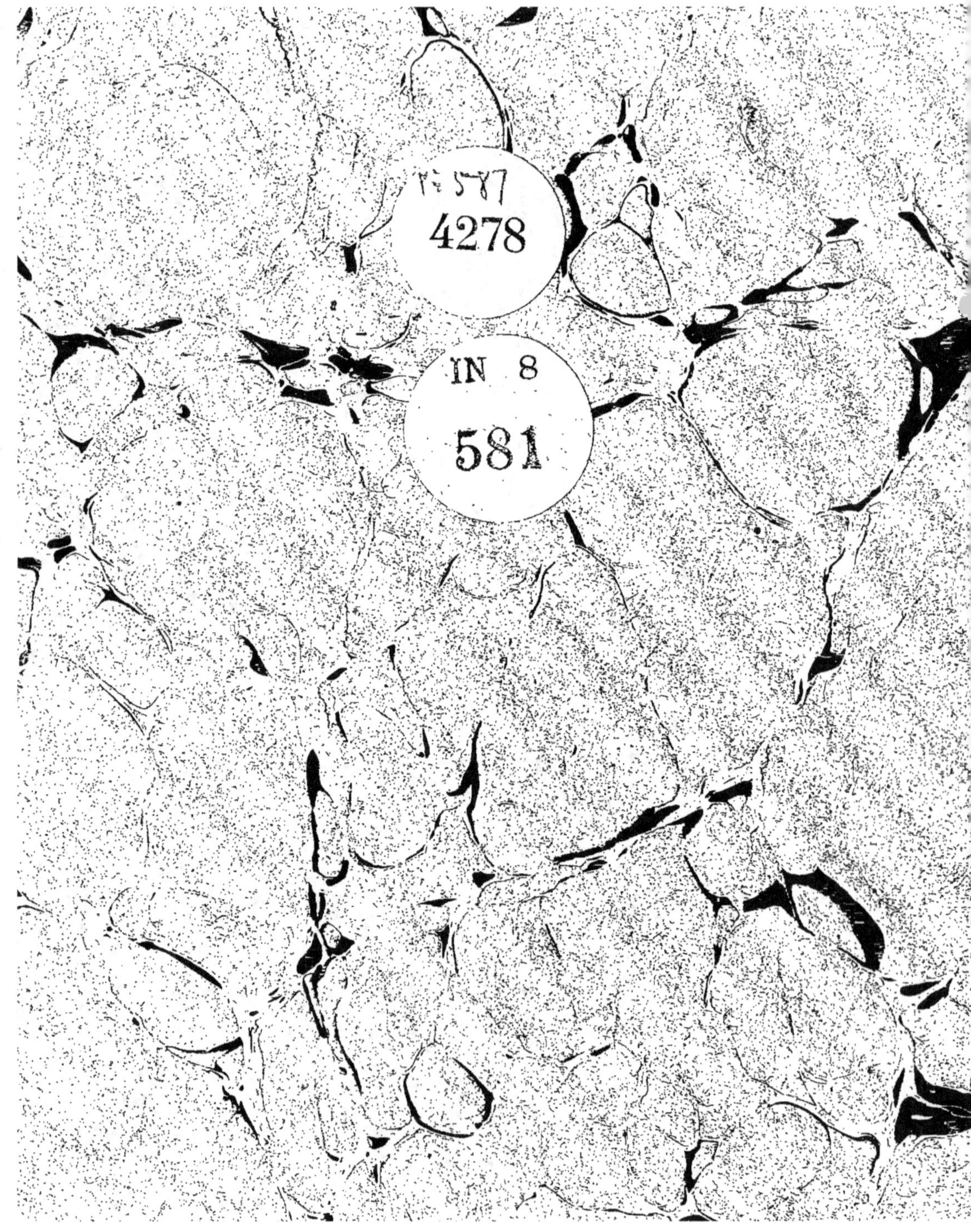
4278
IN 8
581

SPÉCIMENS

DE

CARACTÈRES HÉBREUX

GRECS, LATINS ET DE MUSIQUE

DE GUILLAUME LE BÉ

(Extrait des *Mémoires de la Société de l'Histoire de Paris
et de l'Ile-de-France*, t. XV, 1888.)

SPÉCIMENS

DE

CARACTÈRES HÉBREUX

GRECS, LATINS ET DE MUSIQUE

GRAVÉS A VENISE ET A PARIS

PAR

GUILLAUME LE BÉ

(1545-1592)

PUBLIÉS PAR

H. OMONT

PARIS

M. DCCC. LXXXIX.

SPÉCIMENS

DE

CARACTÈRES HÉBREUX

GRECS, LATINS ET DE MUSIQUE

GRAVÉS A VENISE ET A PARIS

PAR

GUILLAUME LE BÉ

(1545-1592).

La Bibliothèque nationale a récemment acquis un recueil de spécimens de caractères hébreux, grecs, latins et de musique, gravés au XVIᵉ siècle[1]. Sur la couverture du volume, on lit le titre suivant : *ESPREUVES des lettres que j'ay taillées, tant en six et sept sortes de poinsons de lettres hébraïques, que autres lettres, en divers temps et pour diverses personnes et partie aussy pour moy.* Ces spécimens de caractères sont de plus accompagnés de notes manuscrites anonymes qui nous renseignent de la façon la plus précise sur la date, le lieu, l'objet et le prix de la gravure de la plupart d'entre eux.

En comparant les notes de ce petit cahier avec celles d'un autre recueil, non moins précieux, décrit dans le dernier volume des *Mémoires de la Société de l'histoire de Paris*[2], on reconnaîtra aussitôt l'écriture du célèbre graveur de caractères Guillaume Le Bé. On est du reste renseigné d'autre part sur ce petit album. Conservé par le fils de Guillaume Le Bé, aussi graveur et fondeur de caractères, il

---

1. Département des manuscrits, nouv. acq. franç., 4528; volume in-8ᵉ de 26 feuillets, contenant 28 spécimens de caractères.

2. Tome XIV (1887), p. 257-264. — Ce recueil, conservé au département des imprimés, porte la cote : Réserve, Inventaire, X. 1665 (anc. X. 63).

passa, au XVIIIe siècle, dans les mains d'un autre graveur, Fournier le
jeune, dont on connaît les publications sur l'histoire de son art.
Fournier le mentionne expressément dans son *Traité historique.....
des caractères de fonte pour l'impression de la musique*[1], et, quelques
années auparavant, il y avait puisé les éléments d'une bonne notice
sur Le Bé, qu'on nous permettra de reproduire ici :

Guillaume Le Bé, de Troyes en Champagne, disciple de Robert Estienne,
ayant travaillé quelque temps à Paris, alla à Venise, en 1545, âgé de
vingt ans, où il grava plusieurs caractères hébreux et rabbins pour diverses
personnes, et particulièrement pour Messire Marco-Antonio Justiniani,
noble Vénitien, qui avoit une imprimerie hébraïque. De là il passa à Rome,
à la solennité du Jubilé de 1550, sous le pape Jules III, puis, de retour à
Paris, il s'y établit en qualité de graveur et fondeur de caractères, qu'il
exerça jusqu'en 1598, qui fut l'année où il mourut âgé de soixante-
treize ans[2].

Le recueil déjà signalé ne contenait que sept sortes de caractères
hébreux gravés par Le Bé, avec différents autres caractères hébreux
de Venise et de Constantinople, ou gravés par un artiste parisien,
Jean Arnoul, dit Picard. Ces nouveaux spécimens offrent la suite
complète des caractères hébreux, au nombre de dix-neuf, gravés, tant
à Venise qu'à Paris, par Guillaume Le Bé, depuis 1544 jusqu'en 1592,
ainsi que des caractères grecs, latins et de musique, gravés par lui.
Voici par ordre chronologique la liste de ces différents caractères[3] :

Caractères hébreux.

1. 1545-1546, VENISE, *Texte* du Talmud, pour Giustiniani (fol. 1).
2.   1546,   —   *Moyenne*, pour le même (fol. 2).
3.   1547,   —   *Cursive moyenne*, pour Mazo de Parenza
                         (fol. 3).
4.   1547,   —   *Petit texte*, pour le même (fol. 4).
5.   1547,   —   *Glose grosse*, pour le même (fol. 4).
6.   1548,   —   *Petite glose*, pour le même (fol. 5).

---

1. Paris, 1765, in-4°, p. 8, note. Cf. Gando père et fils, *Observations sur
le traité historique et critique de M. Fournier le jeune.* Paris, 1766, in-4°, p. 9.
2. *Modèles de caractères de l'imprimerie... nouvellement gravés par Simon-
Pierre Fournier le jeune.* Paris, 1742, in-4° oblong (p. IV non chiffrée de
l'introduction). — Cette notice de Fournier le jeune a été la source de tous
les biographes de Le Bé, depuis l'abbé de Fontenai (*Dictionnaire des
artistes*, 1776, I, 163-164), jusqu'à la *Nouvelle biographie générale* (Didot).
3. On remarquera à la fin de la liste des caractères hébreux une inter-
version de l'ordre chronologique. G. Le Bé avait numéroté à l'encre rouge
dix-sept sortes de caractères hébreux gravés par lui; cette numérotation
est exactement reproduite ici, ainsi que dans les planches de fac-similé.

7.   1549,   —   *Texte* du Talmud, pour le même (fol. 6).
8. 1548-1549,   —   *Petit canon*, pour le même (fol. 7).

9.   1551,   PARIS, *Texte*, pour Claude Garamond (fol. 8).
10.   1559,   —   *Gros double canon*, vendu à Plantin (fol. 9).
11.   1565,   —   *Texte* de la Polyglotte, de Plantin (fol. 10).
12.   1566,   —   *Gros canon* (fol. 10 et 11).
13.   1570,   —   *Petite glose;* une frappe à Venise (fol. 9).
14.   1574,   —   *Glose* (fol. 10).
15. 1569-1570,   —   *Petite lettre*, pour Plantin (fol. 12).
16.   1579,   —   *Textin* (fol. 12 v°).
17.   1592,   —   *Grosse glose* (fol. 13).

15 *bis.* 1573,   —   *Alphabet*, gravé en partie par Michel Du Boys
                        (fol. 14).

16 *bis.* 1591,   —   *Gros texte* et *glose* (fol. 16).

Caractères grecs.

1.   1548,   VENISE, *Grec ecclésiastique,* pour Cristoforo Zanetti
                        (fol. 18).
2.   1548,   —   — pour le même (fol. 18 v°).

Caractères latins.

1. 1546-1547,   VENISE, *Gros canon*, frappes vendues à Lorenzo Tor-
                        rentini, de Florence, et à Tomaso Giunta,
                        de Venise (fol. 20).
2.   1548,   —   *Petites capitales latines et grecques*, pour Cris-
                        toforo Zanetti (fol. 19).

Caractères de musique.

1. 1554-1555,   PARIS, *Musique grosse*, pour Adrien Le Roy et
                        Robert Ballard (fol. 22-24).
2.   155(?),   —   *Grosse tablature d'épinette*, pour les mêmes
                        (fol. 24 v°).
3.   1559,   —   *Petite tablature d'épinette*, pour les mêmes
                        (fol. 25).

*ESPREUVES des lettres que j'ay taillées, tant en six et sept
sortes de poinsons de lettres hebraïques que autres lettres, en
divers temps et pour diverses personnes, et partie aussi pour
moy.*

1545-1546.

I. En l'an 1545, vers la fin, et au commencement de l'an 1546,
en la cité de Venise, j'ay taillé et gravé ceste lettre hébraïque, ditte
le *texte du Talmuth*, qui est la première de mes ouvrages, aagé
lors de 20 ans et huict moys.

J'ai commencé ceste lettre susditte, ditte le *texte* de la lettre
du Talmuth, à Venise, en novembre 1545, au temps de la crea-
tion du serenissime duc François Donat, pour le magnifique
messer Marco Anthonio Justinian, gentilhomme venitien, en son
imprimerie hebraïque, size pour lors au quartier de Realte, en la
rue des Cinq, auprès la Justice vieille. Conduitte par un messer
Leon[1], hebreu, personnier au fraitz et ouvrages, homme fan-
tasque et aucunement entendu aux meilleurs traitz et portraitz de
l'escripture hebraïque, et aux livres d'icelle langue, encore que sa
profession fust de tenir boutique de fripperie d'habitz vielz et
neufz.

1546.

II. Ceste autre lettre cy dessoubz, nommée la *moyenne,* est la
seconde de mes ouvrages, taillée aussi à Venise pour le predict seigneur messer Marco Anthonio Justinian, en l'an 1546[2].

---

1. Il est aussi question de ce Mᵉ Leon dans l'autre recueil de G. Le Bé
(fol. 1 vᵒ) : « Ceste grosse lettre est de la taille de Mᵉ Michel Du Bois, qu'il
tailla à Venise pour le magnifique messer Marco Anthonio Justinian, gentilhomme venitian, laquelle Mᵉ Leon, juif, me voulut fayre refayre. »

2. On trouve six mêmes spécimens de caractères dans le premier et le
second recueil : ce sont respectivement les fol. 10 vᵒ et 2, 12 et 4, 3 et 8,
6 et 10, 1 et 11, 5 vᵒ et 13. Il n'est peut-être pas inutile de rapprocher les
notes, mises par Le Bé à ces différents spécimens, dans le premier recueil,
de celles qui sont publiées aujourd'hui :

II. (Fol. 10.) « Texte moyen que j'ay taillé à Venise pour le magnifique
messer Marc Anthoine Justinian, gentilhomme venitian, qui est la 2ᵉ lettre
que j'ay taillée, en l'an 1546, aagé de 20 à 21 ans. » — (Fol. 10 vᵉ.) « Ceste
espreuve est la mesme que la precedente à laquelle ont est[é] adjoustez les
poinctz tout du long, n'estantz à l'autre que aux 3 premières lignes. »

1547.

III. La 3e lettre que j'ay taillée et gravée est la glose cy dessoubz, nommée la *coursive moyenne*, taillée pour Mazo, ou May de Parense, filz de Jacob de Parenza, hebreux, audit Venise, en l'an 1547[1].

N'ayant pas justifié ceste lettre pour la fonte, je n'en ay pas fait d'espreuve, partant mon nom n'est au dessoubz comme aux precedentes, ains cecy est d'un feuillet d'un livre de ladite lettre fondue par un Allemant; et me fut cause ceste lettre d'un grand procès contre le seigneur messer Marco Anthonio Justinian.

1547.

IV-V. Ce *petit texte* suyvant est la 4e que j'ay taillée, et ceste *grosse glose* est la 5e, que j'ay aussi taillée à Venise pour le predict Maggio ou Mazo, id est May de Parense, comme apert par mon nom au dessoubz. 1547[2].

Ces deux lettres taillées soubz l'adveu du magnifique messer Carlo Quirini, pour luy et les Mazo de Parensa, en une maison, size au bout d'une ruelle regardant sur le quay de la Madona de l'Orto.

1548.

VI. La *petite glose* cy dessoubz est la 6e lettre dont j'ai taillé et gravé les poinsons, aussy en acier, faicte à Venise pour ledit May de Parensa, en une chambre que je tenoye à loyage à un ducat

---

1. La date 1546 a été corrigée en 1547. Dans le premier recueil la date 1556 a été mise une première fois, par erreur, pour 1546 :

III. (Fol. 14.) « La glose moyenne que j'ai taillée à Venise pour Maggio, 1556 (*sic*), pour laquelle j'euz un procès contre le Justinian. — Ceste glose est de moy faite, 1546, à Venise pour Maz de Parensa. »

2. On lit dans le premier recueil :

IV-V. (Fol. 11.) « Ceste impression est du petit texte que j'ay taillé pour Maz de Parense, à Venise, en l'an 1547, aagé lors de 22 ans, et est la 4e lettre par moy taillée. Ceste glose aussi taillée pour ledit audit temps et les motz du tiltre plus gros. »

(Fol. 12.) « Ce petit texte et glose grosse, et ce mot de petit canon sont de mes ouvrages, faitz à Venise; le texte et glose faitz pour Mazo de Parenza, comme est cy devant dit, en l'an 1547, les 4e et 5e lettres de mes fassons. — 1547 et 1548. » — (Fol. 12 v°.) « Ces lettres cy sont des precedentes 4e et 5e lettres de mes ouvrages pour ledit Maggio. »

par moys, ayant veue sur le Camp de St-Lio, à costé de l'église. 1548.

Ceste glose ditte la *petite coursive;* le nom de la ville et le mien sont au dessoubz.

1549.

VII. La 7e lettre hébraïque taillée à Venise est un *texte du Talmuth,* taillé pour May de Parensa, duquel n'en ay peu avoir d'espreuve. Il y en a icy dessoubz cinq ou six motz d'un feuillet de son impression, que j'ay recouvertz par deçà. Taillée, 1549, en maditte chambre.

Il la fit fondre en l'an 1550, tandis que j'allay au Jubilé à Romme, où je demeuray 6 moys, chez Me Anthoine Blade, imprimeur de la Chambre apostolique.

1548-1549.

VIII. 8e. Ceste lettre est une lettre nommée en l'imprimerie *petit canon,* taillée à Venise, pour moy, en l'an 1548 et 49, et justifiée quant et quant les lettres de Mazo, et a esté ceste cy taillée avant la précédente du texte d'un Talmuth pour ledit Mazo[1].

1551.

IX. L'an 1551, en esté, ville de Paris, j'ay taillé ceste lettre 9e pour le sieur Claude Garamond, tailleur et graveur des lettres grecques du Roy, et ce après mon retour d'Italie et de Troye à Paris; taillée en sa maison, rue des Carmes[2].

De ceste lettre ne s'en est veu une belle ny bonne feuille imprimée, car laditte lettre estant bien fournie de lettres, daguetz, pointz et accents, lettres communes, lettres larges, demy larges et estroites pour faciliter la composition en la contraincte ès fins des lignes, d'autant que les Hebreux n'usent point de division et separation des motz en la fin de ligne, les imprimeurs ont indiferemment

---

1. On lit dans le premier recueil :

VIII. (Fol. 3.) « Ceste grosse lettre est de ma fasson, faicte à Venise, en l'an 1548, sur l'eschantillon de la precedente, taillée pour moy; et celui à qui je laissay mesdits poinsons en garde en a fait des frappes et tout mangé, ayant vendue et poinsons et matrices à un Allemant, ainsy que de Dansi [Dantzig?] m'ont mandé. »

2. Voy., sur Garamond, le *Bulletin de la Société de l'histoire de Paris* (1888), t. XV, p. 12.

meslé lesdittes lettres en la besongne, faisant servir à toutz rencontres celles qui ne se doibvent mettre que en fin de lignes et m'enbrousliant et meslant le tout. Et est une lettre fort artistement faicte et bien limée et polie (sans vantise) et au contentement de celuy qui en sçavoit plus que moy.

A la vente de ses meubles, le sieur Christofe Plantain[1] en achepta les mattrices et les mousles qu'il a portés à Envers et en a imprimé là.

Et André Wechel en achepta les poinsons qu'il a transportés en Allemagne.

Et je en achepté une frappe de la vefve qui me presta les poinsons pour la fayre à mes despens avant que les vendre.

1559.

X. L'an 1559[2], j'ay taillé céans ce gros *gros duble canon* hebreu lequel estant faict durant les premiers troubles, je ay vendu les poinsons, la frape des mattrices et le moule au sieur Christoffe Plantain, à bon marché à cause des troubles.

Venduz 1562. — Les poinsons pour 5 escus à 50 s. Le cuivre à 3 l. 10 s. Le moulle nef, 4 l.

1559, à Paris, et vendu au sieur Plantain, poinsons, moulle et frappe de matrice.

1570.

XIII. La 13e lettre que j'ay taillée est la *petite glose* cy dessoubz, faicte en l'an 1570, céans pour moy, et en ay envoyé une frappe à Venize.

1565-1566.

XI-XII. J'ay taillé à Paris pour moy ces trois lettres suyvantes, et premierement ce *texte*, grossi de celuy de la Bible in-4° de Robert Estienne, est celuy duquel le sieur Plantain a imprimé le texte de la grand Bible en cinq langues, du roy d'Espagne; est ma 11e.

---

1. Les rapports de Plantin et de Le Bé semblent dater de cette époque. Cf. les *Mémoires de la Société de l'histoire de Paris* (1887), t. XIV, p. 258, note 2.

2. La date 1562 a été corrigée en 1559.

Et le *canon* duquel est l'intitulation est la 12ᵉ, faicte en l'an 1566[1].

1574.

XIV. Ceste *glose* faicte céans en l'an 1574 est la 14ᵉ lettre hebraïque que j'ay taillée[2].

1566.

XII. Cette lettre grosse nommée ès imprimeries *gros canon* est la 12ᵉ lettre hebraïque que j'ay taillée, comme est dit cy devant, faicte à Paris en l'an 1566.

1569-1570.

XV. L'an 1569 et 70, en mars, j'ay achevé de tailler ceste petite lettre hebraïque pour le sieur Christoffe Plantain, laquelle est la quinziesme sorte de poinsons de lettre hebraïque que j'ay taillée, et il m'avoit commandé de la fayre la plus petite que je pourroye. Je n'en ay peu recouvrer d'autre espreuve[3].

1579.

XVI. L'an 1579, à Paris, j'ay achevé de tailler ce petit texte hebreu, nommé à Venise le *textin*, et est la 16ᵉ lettre hebraïque que j'ay taillée[4].

---

1. La date 1565, dans le premier recueil, a été corrigée ici en 1566; voici la note du premier recueil :

XII. (Fol. 1.) « Ce canon ou grosse lettre est de mon ouvrage, fait à Paris, en l'an 1565, et est la 12ᵉ des lettres de ma fasson. »

2. On lit dans le premier recueil :

XIV. (Fol. 6.) « Ceste glose, faicte à Paris, 1574, par moy, est la 14ᵉ lettre, et le texte fait sur l'eschantillon de la precedente pour la grosseur, mais d'un meilleur art. Et du present a esté imprimée la grand Bible de Anvers par Plantain auquel j'en vendis une frappe. » — Sur ce même feuillet sont deux autres spécimens : « De ma 12ᵉ; de ma 11ᵉ. »

3. Dans l'autre recueil (fol. 20), au-dessous d'un spécimen de petit hébreu, on lit de la main de Le Bé : « Je ne sçay d'où est ce petit hebreu que je reçeu de Plantain pour luy en faire un plus petit; il m'en envoya ce demy feuillet, et n'en ay point veu à Venise, ny à Rome, ny autre part. »

4. Un spécimen différent de cette 16ᵉ sorte d'hébreu gravé par Le Bé se trouve plus haut (fol. 11 vᵉ) avec la date, également imprimée, de 1579.

1592.

XVII. L'an 1592, en juin et juillet, j'ay taillé une *grosse glose* hebraïque qui est la 17ᵉ sorte de lettre hébraïque que j'ay taillée, tant à Venise que à Paris, aagé de 68 ans, après le siege de Paris, pour passer ennui.

Laditte se peut fondre pour servir sur la lettre ditte le *gros romain*.

1573.

XV *bis*. En l'an 1573, à Paris, j'ay faict le deseing et portraict de l'alphabet hebraïque suyvant, en ensuyvant les meilleurs traictz et les plus receuz de l'antiquité au jugement des plus experimentez ès lettres hebraïques par ceux de leur religion et nation, en la ville et cité de Venise, où j'ay demeuré cinq ans et plus, suyvant les portraitz et brouillardz que j'en fis lors que je y estoye.

En ladite ville conversent plusieurs d'icelle nation judaïque, tant Italiens natifs que Allemans, Hongrie que Orientaux de Pere en Constantinoble, de Salonic que autres lieux de la Turquie, tant rabbins que marchands, avec aulcuns à Romme aussi, en laquelle y en avoit lors peu sinon que de ceux qui trafiquent à la revente, friperie et usure.

J'en ay taillé une partie et le reste je l'ay fait tailler en boys par Michiel Du Boys[1], bien expert à observer le trait des lettres comme je les avoye portraites.

Portrait et désigné en l'an 1573, et taillé en partie, et le reste fait tailler par Michiel Du Boys et autre, sur le boys.

1591.

XVI *bis*. En l'an 1591[2], après le siege de la ville de Paris, durant les grandz troubles, je me suis amusé à portraire ces deux lettres grosses, l'une d'un texte et l'autre d'une glose qui est une lettre courante dont les Hebreux se servent en l'escripture de leurs comptes et affaires ordinaires. Ladite *coursive*, ou courante, est un peu fardée suyvant celle de laquelle on imprime leurs commantaires ou gloses en leurs livres, suyvant celle des Orientaux Levan-

---

1. Il y a un spécimen de caractères hébreux gravés pour Justinian par Du Boys dans le premier recueil (fol. 1 vᵒ). Cf. plus haut, p. 8, note 1.

2. La date 1590 a été corrigée en 1591.

tins ou Espagnolz antiques, mais celle qu'ilz escrivent à la main n'est pas si fardée et arrondie, mais sent plus sa chicanerie, coppie et courante.

Ledit texte et glose ayant esté mieux portraitz, un peu comme la mélancolie du temps le permettoit, ont esté fort mal taillées par un qui n'a observé les traictz ny les corrections, n'ayant à cause du temps meilleur moyen de les fayre, se passerent aussi mal que le temps, et les despescha pour avoir de l'argent pour vivre. Je ne les ay point depuis fait raccoustrer, ayant la main trop pesante, aagé de 67 à 68 ans.

Caractères grecs et latins.

1548.

1. Espreuve d'un grec ecclesiastique, taillé à Venise, en l'an 1548, pour Christoffe Zaneti, pour imprimer des alphabetz, petites heures, qu'il nomme *Horologi*, et aultres fatras et histoyres en grec vulgaire, pour apprendre les enfans à lyre[1].

2. Grec ecclesiastic taillé à Venise pour ce Christoffe Zaneti.

1548.

2. J'ay, audit tems et an 1548, taillé ces petites cappitales latines et grecques pour moy et pour luy[2] servir, dont je luy en fondis un peu, attendant que on luy en feit d'autres grecques gotesques, car ceste cy les simples en qui (?) les nomment grec-latin, comme ilz font aussi le grec qui sent sa plume courante.

1546-1547.

1. 1546 et 47. J'ay achevé de tailler ce *gros canon* à Venise, en ayant pour la pluspart esté icy par Jehan Arnoul[3].

Je vendis une frappe à Florence à M. Lorenso Turentin, imprimeur du Duc.

Et une à Venise à M. Tomaso Jontha.

---

1. Cf. E. Legrand, *Bibliographie hellénique*, 1885, t. I, p. 271 et 302 suiv.
2. Zanetti de Venise.
3. On trouve dans l'autre recueil (fol. 4, 14 et 20) différents spécimens de caractères hébreux gravés à Paris, en 1541, par Jean Arnoul, dit Picard, mort à Lyon. Le Bé avait été en rapport avec lui avant de partir pour l'Italie.

Et depuis vendu encore une, envoyée de Paris audit, estant la premiere bruslée avec son imprimerie.

Et pour veoir de l'impression de ce *gros canon* faut veoir le premier volume du *Consilia Doctorum*, imprimé à Venise, duquel y en a une grande epistre imprimée toute de laditte lettre au commencement dudit livre..

Caractères de musique.

1554-1555.

1. J'ay fait et taillé ceste musique grosse, en l'an 1555, pour Mᵉ Adrian Le Roy et Robert Ballard, imprimeurs du Roy en musique[1].

Il n'y avoit que cecy de taillé quand ceste espreuve fut faitte, et faut veoir des messes d'Orlande[2] esquelles y a de telles sortes. — 1554 et 55.

Ceste musique commencée, 1554 et 55.

155 (?).

2. Pour lesdits sieurs Adrien Le Roy et Robert Ballard. Espreuve d'une grosse Tabulature d'espinette pour imprimer à deux foys, pour en fayre un essay, fait en l'an 15...

1559.

3. Espreuve d'une petite tabulature d'espinette sur la moyenne musique, commencée en l'an 1559. Pour monsieur Le Roy et Robert Ballard.

---

1. Voy. le *Traité historique*, etc., de Fournier le jeune, p. 8. Gando, à la fin de ses *Observations sur le traité historique et critique de M. Fournier le jeune* (Paris, 1766, in-4°), a donné un spécimen (c) de cette grosse musique de Guillaume Le Bé.

2. Sur Orland ou Roland de Lassus, voy. Fétis, *Biographie universelle des musiciens*, 2ᵉ éd., t. V, p. 207.

Nogent-le-Rotrou, imprimerie DAUPELEY-GOUVERNEUR.

I

בראשונה באחרונה ושניה עשר חבש באמצע היות
חדש רבי עקיבא אומר חדש בראשונה וחדש באחרון
ויב חדש באמצע הרי יד חדש מא בי ישזט מעאת באם
לבן אבל בשרדה אילן כן חדשים תבואתו טסק את יתי
כנסך אתקייצו הם אילן אפזנ לט צנבף ספט בשרה נעפץ
גוליאלמוס ליבי צרפתי

1545. & 46

II

יעקב ואת נוהו השמו   אל תזכר לנו ונרת
ראשנים מהר יקדמונו רחמיך כי דלונו מאד
עזרנו אלהי ישענו על דבר כבוד שמך והצילנו
וכפר על חטאתינו למען שמך   למה יאמרו
הגוים איה אלהיהם יודע בגוים לעינינו נקמת
דם עבדיך השפוך   תבא לפניך אנקת אסיר

III

[annotation manuscrite, daté 1556]

פרקי אבות פרק ה עא

א אלפיס מישטו : כ   ...ט ככמר הנער הזה נולד מן חזיר היער והלכיאה כי נעת יחם האריות הלביאה
מכנסת רקסס נסככי היער וכוהטת יתובעת את הזוכר וסחזיר שיזמע קולה ורובעה ומר יובא יתבין שכיק.
ולפי שהוא ממזר הנא עו פנים חעף שאינמ גבורה כל כך אף אתה הוי עז ולא תתביים לשאול מרבך שמא
שלא סכנת כאותה שאינמ לא הכניסן לימד : וקל. ככשר לחזר את תלמודך ולא תינע כדכתי יעבלו אבר ככשר
ירונו ולא יינעו : ודן ככני לרדף
אחל הנכוות : ונבור כארי לכנא
[annotation manuscrite]

ב יהודה בן תימא אומר הוי עז כנמר וקל כנשר ורץ כצבי
וגבור כארי לעשורג רצון אביך שבשמים ▪ הוא היה אומר עז
פנים לגיהנם ובושת פנים לגן ערן יהי רצון מלפניך השם אלהינו
שתבנה עירך במהרה בימינו ותן הלקינו בתורתך ▪ כא

אתיכרך מן העניירת : עז פנים
לפי שהעזות ככר כפני כדכתע
העניים רשע בפניו לפיכ כקרל

IV et V

[annotation manuscrite, datée 1547]

בשר שמלח ושהה כדי מליחה ושמוהו בקדירה לבטל בלאהדרחה
מותרשככבר פלט דמו ולא נשאר רק מעט דס מן המלח ואותו הדס
בטל כם׳כי אין לך סוס חתיכ׳שנמלחה ושהתה כדי מליחה שלא יהא
בה ס׳ כנגד דס.שעל המלח כדינ׳ שהמים שבקדיר כמוכן מנטרפין
לבטל הדס אבל אין

בשר שהורה ונמלח ושהה טריך מטרוף הסיים ט
כדי מליחה ואחר כך בחתיכ׳עצמה יש ספים
הניחו אותה לבשל בלא הדחה מית־ דליכא למימר מלח ל
אם יש ס׳בחתיכ׳ובמי ובתבשיל כנגד לטעמא עבידא ותענמ׳
לתלי וח׳דם ומלח שעל התתיכ׳מבחוץ לא כטיל דהא לא שייך

VIII

Ceste grosse lettre ... de mia faisson fonte avanye en Lyon 1548
fut lestablissement de la precedente / Taillée pour seruir
à Celuy en quy ... puis ... en garde en a fait des frappes et tous
... les agreez vendue ... et mestrer ... allemaine ainsy que ...
...

יחי המלך

בְּאוֹר פְּנֵי מֶלֶךְ חַיִּים וּרְצוֹנוֹ כְּעָב
מַלְקוֹשׁ ׃ חֶסֶד וֶאֱמֶת יִצְּרוּ מֶלֶךְ
וְסָעַד בַּחֶסֶד כִּסְאוֹ ׃ מֶלֶךְ יֵשֵׁב עַל

IX

L'an 1551 en ceste ville de Paris Jay taillée ceste lettre ... pour la
N. Claude Garamond taillée a grauer des lettres Grecquez
du Roy / Et ce après mon retour d'Italie ... de ... à Paris
taillée en sa maison ... des Canonns / ...

9

מוסר השכל   יה

חֲבוּרָה	הֵ	הֱיֵה בֵין	וְבָאֵלֶם
בַּחַבְלֶךָ	אֲרִי אָסוּר	תֶּרְפֶּה	וְאַל
אַכְלֶךָ	וְ	תְּשַׁלַּח	אוֹתוֹ
עֲמִיתֶךָ	אֱלִי אֶשֶׁת	תַּבִּיט	וְאַל

6

VI

רבי אליעזר קועל

שנכתב רבחם בגולם ונכבשה כפבם סכם
אנו עלמד לפי מי גדול עממי טהבמה
וכתמין ואינו נבנם מיתך רבני הבנה ואימ
נהלג להבים סרף וחסיב עדסע ויוסף סאל
כענין ומסיבטוהלוה ואומד על ראשון ועל
אחרון אמרמיויגל סלא סית אומד לא סית
תי יהויהעל האות וסלומיק נעולם:פיק
לפנק ... געהעכדעטוקלףבו. ... יהום תילם
... נוליקלמו ליבי נרפתי

1546

VII   1549   מעוז

[note manuscrite] Cette glose famosa Paris 1574 […] / […] 14 […]
[…] fait fait [...] esbannir de la […] plus […]
mais [...] meilleur ont. Et [...] fait a [...] imprimer la grande
Bible de Anvers […] Plantain auff. […] Plantin […]

ספר תהלים

משל 12

מֵכִין הָרִים בְּכֹחוֹ נֶאְזָר בִּגְבוּרָה ׃ מַשְׁבִּיחַ שְׁאוֹן
יַמִּים שְׁאוֹן גַּלֵּיהֶם וַהֲמוֹן לְאֻמִּים ׃ וַיִּירְאוּ יֹשְׁבֵי
קְצָוֹת מֵאוֹתֹתֶיךָ מוֹצָאֵי־בֹקֶר וָעֶרֶב תַּרְנִין ׃
פָּקַדְתָּ הָאָרֶץ וַתְּשֹׁקְקֶהָ רַבַּת תַּעְשְׁרֶנָּה פֶּלֶג
אֱלֹהִים מָלֵא מָיִם תָּכִין דְּגָנָם כִּי־כֵן תְּכִינֶהָ ׃

שיר 14

מכין · בעבור שהזכיר האדן הזכיר ההרים בעבור שהם כמו עמודים וטעם
נאזר בגבורה שנראתה גבורת השם בהרים הגבוהים שנברא על כן נקראו
הררי אל ולפי דעתי שהזכיר שהוא מבטח הדבר שאיננו נראה וגבורתו נראית
בעשות הגדולות ׃ משבית · כמו תשבחם משקיט כדרך אתה מושל בגאות
הים בעבור שהזכיר וים רחוקיוס וטעם והמין לאומים הנמשלים למים כמו

XII

כְּשֶׁאַפְנֶה אֶשְׁנֶה שֶׁמָּא לֹא תַפְנֶה ׃
עֶבְסֶךְ לָךְ יוֹסֵף דְּנִילֵךְ טַנְרֵד וְצַהוּם
בְּפָארִיש נוּלְיָאלְמוֹ לִיבֵּי צָארְפָתַי ׃

1565.

13

פירקי אבות

XIII

שמע דברים כנום ושבעם בחכם חכה
אינו מדבר לפני מי שגדול ממנו בחכמה
וכמנין אינו נכנס לתוך דברי חכרו
ואינו נבהל להשיב שואל ומשיב שומע
ומוסיף שום כענין ומשיב כהלכה ואומר
על ראשון ראשון ועל אחרון אחרון ועל
מה שמע אומר לא שמעתי ומודה על
האמת וחלפין כנגדם :
שטרכן צירוס כלקן עושך מסר סטף
כתרים גוליאלמו ליבי טארפטי עשה :

15

XV

אלהים באוגוים בנחלתך טמאו את היכל קרשך שמו
את ירושלם לעיים: נתנו את נבלת עבדיך מאכל לעוף
חשמים נשר חסידיך לחירתי ארץ: שפכו דמם כמים
סביבות ירושלם ואין קובר: רדיינו חרפה לשמכיגו
לעג וקלס לסביבותנו: עד מה יהוה תאנף לנצח תבער
במו אש קנאתך: א א ב ג ד ה ה ו ח ט י ב ך ל ם ם
ג ן ס ע ף פ ף צ ק ר ש ת ת : מזמור לאסף :
בשהתצהרותחמפכתהרתגהואזץקרזבמאיגרוזלודדלין
ראגאהשת יזפגנגנבוויתרפסרט: פתאכשזנאעשוושם

à paris Par Guil. Lebe 1569 et. 70 en Mars

XVI

כָּרוּך יְהוָה שֶׁלֹא נְתָנֵנוּ טָרֶף ל
לְשִׁנֵיהֶם : נַפְשֵׁנוּ כְּצִפּוֹר נִמְלְטָה
מִפַּח יוֹקְשִׁים הַפַּח נִשְׁבַּר וַאֲנַחְנוּ
נִמְלָטְנוּ : עֶזְרֵנוּ בְּשֵׁם יְהוָה עֹשֵׂה
שָׁמַיִם וָאָרֶץ : 1579 כתרים
גוליאלמו ליבי טארפתי עשה

XV bis

XVI bis

XVII

לה' שיודעט בגבורותיו ובנפלאותיו סיעשה כאות
היום:לא יום ולא לילה:לא יקיה כול יום ולא כול לילה
כול' לא יהיה כלו עדיה ולא כל רוחה   ויהיה לערת ערב
יהיך אורי: לעת הנרה הגדולה סיגא העיר כשולה או
ינא ה' ונחלס' כטיס ההסד:
כתרים גוליאלמו ליבי ערפתי עשה' בחדם ניסן כשנת

1592.

γόμασι· κατασκλμωώσαντες εἰς ζωὴ
τὴ αἰώνιον. ὁ αὐτός:~
αρὸι τῶμ ἀθερουύπωμ, θησαυρὶ τῶμ
ἰαμάτωμ· σωτήριοι τῶμ πτῶμ· ἀμαρ=
γυρει παράκλεεῖς· τοις ἐμ ἀναίκαις
κεάζοντας, ᾧ ὀδλωωμένοις ἰάσαθε·
ἱκετεύοντὰ θν̄ τὸμ ἀγαθόμ, λυφώ=
σαθαι ἡμᾶς τῶμ παγίδωμ τῦ ἐχθρυῦ
δόξα. ἦχ̅ π̅β̅. ἀνδρέου πυρὺ:~
αιδρὰ καὶ ἐπίφωτος, ἀνέτειλε σήμε=

Nec parentum nec, maiorum
error, ſequendus eſt: ſed autho

Grec II

ἀμλω ἀυτῦ ὑπὸ δαι ψδζι ϛωη κετάν
κόλιας χαιγε φεχατῆη ζωι τλω ψύπρ
αλλ ἀνσαρ ξ ἐγϖ ΰ τ̃ αϛυτάν χϖξ ἀτϖι
ασϖόρ ζυδη φεασω χϝυτ̃α λω̃γη βϝϟε
ϛω̃ι ὑϖε͂ τοαϖύμ ϖτδζι καὶ ϛηπϖάη
τῦ ποπϖα βηγϝητϖ τδῖϟ χϝα κυαϑω

Latin II

ET ADORABVNT IN CONSPE ⪜
CTV EIVS VNIVERSE FAMILIE
GENTIVM QIA DIX ABCDEF
GHIKLM NOPQRSTVXYZ
Γ Δ Θ Γ Σ Ξ Φ Ψ Ω

Musique II

Musique III

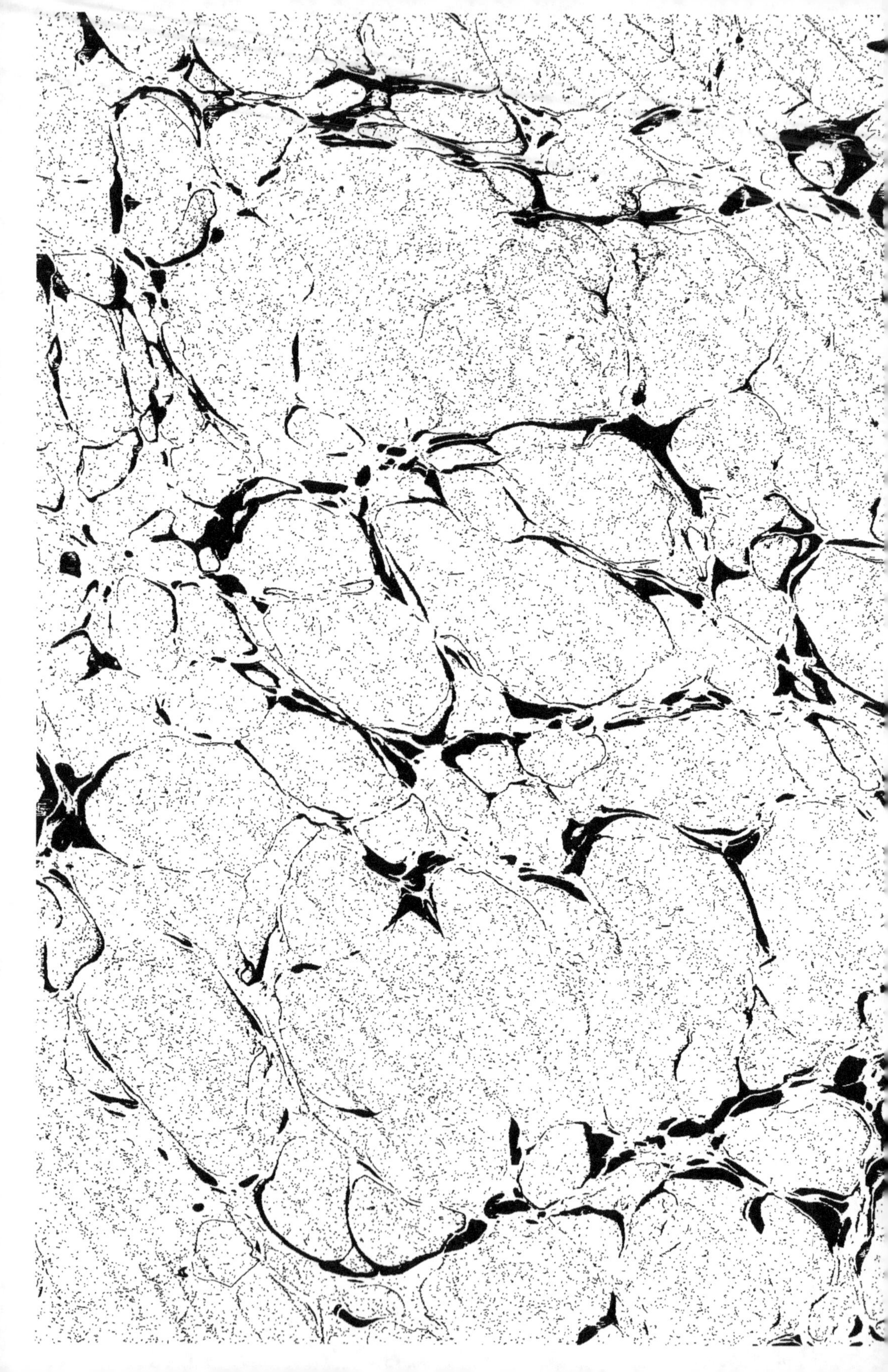